Un año en la
Antártida

Por Anita Ganeri

CELEBRATION PRESS
Pearson Learning Group

Contenido

focas
cangrejeras

La Antártida

Las personas pueden vivir casi en cualquier lugar de la Tierra. Sin embargo, la Antártida es un lugar en el que casi nadie vive. La Antártida es la **tierra virgen** más extensa del planeta. Es uno de los lugares más altos, fríos y ventosos que puedas imaginar. La Antártida es uno de los siete **continentes** del mundo. Es más grande que Australia o Europa. En este libro podrás viajar con los científicos a una estación de investigación en la Antártida para averiguar cómo es pasar un año allí.

La Antártida es la masa continental más al sur de la Tierra. Se encuentra en el **Hemisferio Sur** y en ella está el Polo Sur.

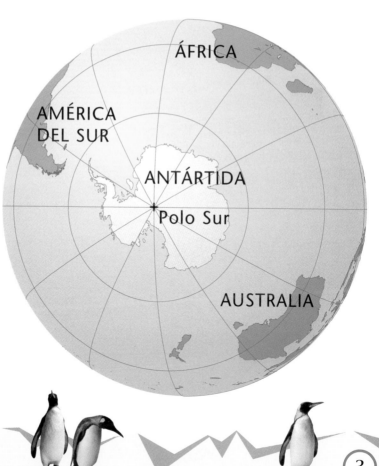

pingüino emperador

La Antártida tiene montañas y valles como los demás continentes. No obstante, una gruesa capa de hielo cubre casi toda la Antártida. Incluso durante los días más cálidos, la temperatura es congelante.

Este **clima** tan severo hace muy difícil la vida allí. Pocos animales y plantas pueden sobrevivir en la tierra. En cambio, los océanos que rodean la Antártida contienen una vida silvestre muy variada. Hay ballenas, focas y peces, así como pingüinos y otras aves marinas.

Gran parte de la Antártida está cubierta de una capa gruesa de nieve o hielo.

Estación Científica de Rothera

Círculo Antártico

Estación Científica
de Rothera
(Reino Unido)

Plataforma de hielo
de Amery

Plataforma
de hielo
de Ronne

ANTÁRTIDA

+ Polo Sur

Círculo Antártico

Plataforma
de hielo
de Ross

Muchos países comparten la Antártida para sus estudios científicos, entre ellos el Reino Unido. La Estación Científica de Rothera es una de las estaciones del Reino Unido. Durante el verano, la Antártida recibe de 4,000 a 5,000 científicos, que vienen a estudiar el clima y naturaleza únicos del lugar. Algunos científicos estudian a los animales a lo largo de las costas o en el agua. Otros estudian las rocas, el hielo o la atmósfera.

Estaciones opuestas

Los Hemisferios Sur y Norte tienen estaciones opuestas. Por ejemplo, diciembre es un mes de invierno en el norte, pero es de verano en el sur. Esto se debe a que el Hemisferio Norte se inclina alejándose del Sol, mientras que el Hemisferio Sur se inclina hacia el Sol.

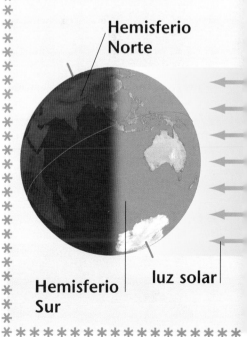

Hemisferio Norte

Hemisferio Sur

luz solar

Comienza la aventura

La Estación Científica de Rothera está en la costa de la Antártida más cercana a América del Sur.

A mediados de octubre del 2001, alrededor de doce científicos británicos abordaron un avión en el Reino Unido. Iban a pasar un año en la Antártida estudiando fósiles, **muestras de hielo** y la vida silvestre. Cada uno había empacado equipos especiales. También llevaban mucha ropa de abrigo.

Para llegar a la Antártida, los científicos volaron primero a la isla de la Ascensión y luego a las islas Malvinas al sur del Océano Atlántico. Luego, un avión más pequeño los llevó a la Antártida. Aterrizaron en la Estación Científica de Rothera. El viaje duró aproximadamente ¡veinticuatro horas!

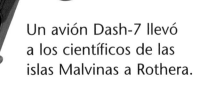

Un avión Dash-7 llevó a los científicos de las islas Malvinas a Rothera.

En la pista de aterrizaje de la Estación Científica de Rothera pueden aterrizar aviones con ruedas y esquíes.

Octubre es uno de los meses más cálidos en la Antártida, sin embargo a los científicos no les pareció muy cálido. La pequeña estación científica estaba rodeada de montañas nevadas. En algunos lugares, el suelo estaba cubierto de una gruesa capa de nieve. Aunque hacía frío, la gente de la estación les dio una calurosa bienvenida a los recién llegados. "Nos recibieron con algunas palmeras artificiales", dijo uno de los recién llegados.

La maravillosa Antártida

En la Antártida todo el año parece invierno. No obstante, los meses de cada estación son
- **Primavera:** de septiembre a noviembre
- **Verano:** de diciembre a febrero
- **Otoño:** de marzo a abril
- **Invierno:** de mayo a agosto

La vida en Rothera

Los científicos trajeron sus cosas a la estación y desempacaron. Cerca de 100 personas estaban viviendo en Rothera. La estación tenía calefacción así que la gente podía usar ropa común. Todos dormían en literas en pequeñas habitaciones. Rothera tiene una cocina, una biblioteca y una sauna. Los científicos trabajaban en los laboratorios y oficinas.

El personal de la estación se encargaba de que Rothera funcionara sin problemas. Los mecánicos mantenían las máquinas funcionando y los carpinteros reparaban los edificios. Un cocinero preparaba las comidas y un médico cuidaba la salud de todos.

El personal de la estación mantenía los equipos, tales como los **trineos**, en buenas condiciones.

Desembarcar provisiones y equipos de un barco de sumistros, como el Barco Real de Investigación *James Clark Ross*, puede tardar días.

Todos se turnaban para hacer diferentes trabajos. Una vez a la semana, todos ayudaban a limpiar la estación científica. Cuando llegaban barcos con provisiones, todos ayudaban a desembarcar la carga. Las provisiones incluían alimentos, equipos para los científicos y el personal de la estación, así como el correo. La mayoría de las provisiones tendría que durar meses.

Las grandes barredoras de nieve que se usan en Rothera pueden apartar cerca de 2,000 toneladas de nieve en una hora.

Vivir en la Antártida

Poco después de llegar, los científicos comenzaron su entrenamiento en seguridad. Vivir en la Antártida puede ser muy peligroso. Primero, los científicos tuvieron que aprender a vestirse para mantener el calor. En el Polo Sur la temperatura promedio del aire es de ⁻58°F. La temperatura ambiente promedio en Rothera es de 23°F. El aire a 32°F puede congelar las orejas, manos y pies de las personas. Este tipo de lesión se llama **congelación**. Cuando todo el cuerpo se enfría ocurre la **hipotermia**, que puede ser mortal.

Vestirse para el clima antártico

Las gafas protectoras preservan los ojos de los rayos solares que refleja la nieve. Las máscaras protegen el rostro. Varias capas de ropa ayudan a mantener el aire tibio cerca del cuerpo.

bota de escalada

mitón impermeable

guante térmico

bota glacial

Los investigadores siempre trabajan en equipos de dos o más personas por razones de seguridad.

Muchos investigadores tenían que acampar lejos de la estación de Rothera para hacer su trabajo. En preparación para esto, pasaron tiempo en el exterior aprendiendo destrezas de supervivencia. Los científicos aprendieron a montar tiendas en forma de pirámide. Dentro de las tiendas podrían estar seguros incluso durante una tormenta de nieve. Quedar atrapado en una de esas tormentas puede ser peligroso. Aunque no esté nevando, los vientos fuertes soplan nieve hacia todas partes.

Los científicos aprendieron a construir refugios de nieve y cómo vivir en una cueva de hielo. Estudiaron cómo predecir el clima y también aprendieron a ponerse en contacto con la estación de Rothera por radio para intercambiar información sobre cambios del clima.

Los nuevos equipos de científicos hacían prácticas
viajando juntos en las empinadas cuestas de hielo.

El suelo de la Antártida puede ser peligroso. En gran parte
es montañoso y helado. Hay profundas **grietas** o hendiduras
en el hielo que pueden tener cientos de pies de profundidad.
Es fácil caer en una, ya que la nieve a menudo las cubre.

Para aprender a viajar a través de estos peligrosos
territorios, los científicos practicaron escalar montañas.
Llevaban clavos de metal en sus botas y se ataban unos a otros
con cuerdas de seguridad. De este modo, si una persona caía,
los demás podían tirar de ella para levantarla. También
hicieron prácticas de rescate en caso de que fuera necesario.
Para noviembre los científicos habían terminado su
preparación de supervivencia.

En el frío

A principios de diciembre llegó el *James Clark Ross*. El barco venía cargado con alimentos, equipos y otras provisiones para todo el verano. Tomó tres días descargarlo.

A medida que la luz solar duraba más, el trabajo en la estación aumentaba. Los equipos de científicos salieron al **campo** para hacer sus experimentos. Esto significa que salían de la estación para estudiar lo que sucedía en las plataformas heladas, la costa o las montañas. Algunos equipos viajaban en avión y otros en tractores para la nieve. Estos últimos llevaban sus cosas en trineos.

La maravillosa Antártida

Debido a la inclinación del eje terrestre, a mediados de diciembre el Sol brilla 24 horas al día en el Polo Sur. A mediados de junio el Polo Sur no recibe casi ninguna luz solar. En la Antártida, los días de verano son largos. Los días de invierno son oscuros, fríos y muy cortos.

Los tractores para la nieve y los trineos iban unidos con cuerdas en caso de accidentes.

trineo

A veces aviones pequeños llevaban provisiones a los investigadores en el campo.

Los científicos vivieron en el campo hasta tres meses. Algunos científicos acamparon en lagos congelados o junto al mar. Otros vivieron en las montañas o en las llanuras congeladas. En cada equipo iba un ayudante general, o sea, un experto en la supervivencia en la Antártida. Un ayudante general, Pete Milner, describió un viaje. "Pasaremos todo enero y febrero en una tienda en medio de la nada".

Los equipos vivían en tiendas en forma de pirámide. Dormían en bolsas de dormir y cocinaban en hornillos. A veces el mal tiempo atrapaba a todos dentro de la tienda durante días.

A menudo resultaba difícil ponerse de pie dentro de las pequeñas tiendas de campaña.

La Antártida 225 millones de años atrás

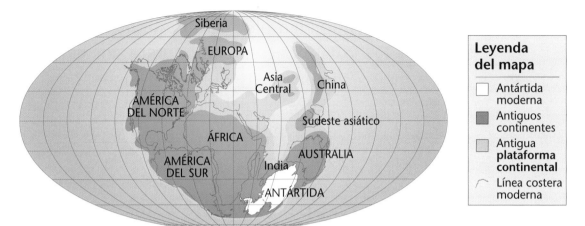

Siberia

EUROPA

Asia
Central   China

AMÉRICA
DEL NORTE

Sudeste asiático

ÁFRICA

AUSTRALIA

AMÉRICA
DEL SUR   India

ANTÁRTIDA

**Leyenda
del mapa**

☐ Antártida
moderna

■ Antiguos
continentes

☐ Antigua
**plataforma
continental**

⌒ Línea costera
moderna

Los equipos estudiaron diferentes cosas. Algunos recolectaron rocas para hallar pistas sobre la historia de la Antártida. Muchos científicos creen que hace millones de años la Antártida fue parte de un continente gigantesco. Luego este supercontinente se dividió en partes, formando continentes más pequeños, entre ellos la Antártida.

Algunos investigadores buscaron fósiles. Es posible que hace millones de años la Antártida haya sido un lugar mucho más cálido. Los fósiles que hallaron en la Antártida son prueba de que allí hubo en algún momento bosques y dinosaurios.

Un científico recoge madera fósil para averiguar más sobre la historia de la Antártida.

Los equipos de investigadores también perforaron profundo en el hielo. Sacaron cilindros largos y delgados de hielo para muestras. En algunos lugares, el hielo tenía una profundidad de 2.5 millas. Algunas partes del hielo tenían más de 500,000 años.

Dentro del hielo, los científicos encontraron pequeñas burbujas de gas y las analizaron. Así aprendieron sobre cómo habían cambiado el aire y el clima de la Antártida durante miles de años. Esta información les ayudaría a comprender la contaminación y los cambios del clima en el mundo.

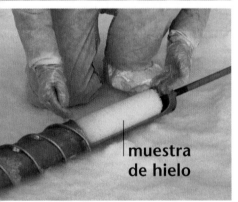

muestra
de hielo

Los científicos usaron taladros manuales de 33 pies de largo para cortar y sacar las muestras de hielo.

La maravillosa Antártida

Alrededor del 90 por ciento del hielo del mundo se halla en la Antártida. Si todo ese hielo se derritiera, el nivel de los océanos subiría cerca de 229 pies.

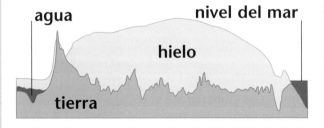

agua

nivel del mar

hielo

tierra

Las focas de Weddell se encuentran solamente en la Antártida.

No todos los científicos estudiaron el suelo, el hielo o el aire. Cerca de la costa, otros equipos investigaron la vida silvestre de la Antártida. Estudiaron las plantas y animales de la Antártida en sus **hábitats** naturales.

Algunos científicos estudiaron ballenas, focas, pingüinos y otras aves marinas. Algunos de estos animales visitan la Antártida solamente en el verano para alimentarse. Otros científicos con trajes especiales y tanques de aire investigaron bajo el agua. Nadaron junto a peces, esponjas, corales y estrellas de mar. También vieron arañas de mar anaranjadas que tenían hasta 12 patas.

araña de mar

Las ruedas de los aviones tienen esquíes para poder aterrizar sobre el hielo.

esquí

Un miembro del equipo ayuda a cargar un avión Twin Otter para regresar a Rothera.

Empacar

A fines de febrero las temperaturas comenzaron a bajar. Cada día había menos luz solar. En el campo, los científicos comenzaron a levantar sus campamentos. Empacaron tiendas, instrumentos, registros y **especímenes**. También recogieron su basura para mantener la limpieza del ambiente.

La científica Felicity Aston ayudó a marcar los instrumentos de manera que pudieran hallarlos nuevamente "Marcamos todo con banderas negras en postes largos de bambú", dijo. "Cuando regresemos la próxima temporada, la mayoría de las cosas estará enterrada en la nieve".

Los científicos viajaron de regreso a Rothera en avión o en tractores para la nieve. Habían descubierto muchas cosas en el campo, pero estaban contentos de regresar a la estación. Allí había laboratorios y computadoras, de modo que podían continuar su trabajo. ¡Y estuvieron más contentos aún de poder bañarse! Gran parte de sus instrumentos quedaron empacados. Esto se debía a que muchos de los científicos regresaban al Reino Unido.

El 17 de marzo el Barco Real de Investigación *Ernest Shackleton* llegó a la estación. Se tardaron tres días en descargar el barco y dos días para subir la carga nueva. Luego subieron al barco los científicos que regresaban al Reino Unido. Desde la cubierta del barco, agitaron las manos para despedirse de Rothera.

El *Ernest Shackleton* atraviesa
una bahía camino a Rothera.

Un largo invierno

Felicity Aston se quedó junto a otros científicos en Rothera durante el invierno. Ella observó cómo el *Ernest Shackleton* se alejaba. "Una vez que se va, ya no hay regreso", dijo.

Los barcos solamente pueden pasar a través del hielo que rodea la estación de diciembre a marzo. Los aviones tampoco pueden llegar a la Antártida durante el invierno. El terrible frío hace que el vuelo sea inseguro. Las personas que se quedaron en Rothera mantuvieron la estación funcionando. Barrieron la nieve, repararon las tuberías congeladas y las maquinarias.

Este científico lanzó al aire el contenido de un jarro de agua hirviendo. El frío aire antártico congeló el agua en un rocío de cristales de hielo.

En invierno la nieve se amontonó en Rothera.

Aún con el mar congelado, algunos científicos continuaron explorando bajo el agua.

Unos pocos científicos continuaron sus experimentos. Algunos estudiaron el clima, mientras otros se sumergieron bajo el mar congelado para recolectar especímenes del océano. Para poder hacerlo, tuvieron que cortar hoyos en el hielo con sierras de cadena. El agua estaba muy fría pero aún así estaba más caliente que el aire.

Todos tomaron tiempo libre para divertirse. Cuando había buen tiempo, esquiaban o se deslizaban en tablas sobre la nieve. Algunos fueron a acampar. Les gustaba explorar a pesar del frío y la oscuridad. En los meses de junio y julio, el sol no se elevó sobre el horizonte por semanas enteras. El cielo apenas aclaraba un poco durante unas cuatro horas.

Termina un año

Los días comenzaron a hacerse más largos hacia finales de septiembre. La primavera pronto traería un clima más cálido y nuevos investigadores. La gente que había pasado el invierno en Rothera esperaba un mejor clima y recibir nuevos amigos. Muchos describieron la pacífica belleza de la Antártida en sus diarios. "Siento cierta tristeza a medida que el invierno llega a su fin", escribió Pete Milner.

La Antártida es un lugar vacío, helado y difícil. No obstante, es muy especial. Las personas que trabajaron en Rothera se sintieron afortunadas de poder estar allí.

Glosario

campo
cualquier lugar fuera de un laboratorio donde los científicos observan y estudian cosas

clima
el patrón del estado del tiempo en un lugar

congelación
lesión en partes del cuerpo o la piel causada por un frío extremo

continentes
las más grandes extensiones de tierra en nuestro planeta

especímenes
muestras de roca, líquido, gas o seres vivos

grietas
profundas rajaduras en el hielo

hábitats
lugares en que viven naturalmente grupos de plantas y de animales

Hemisferio Sur
la mitad de la Tierra que se halla al sur del ecuador

hipotermia
condición peligrosa que ocurre cuando la temperatura del cuerpo de una persona baja como consecuencia del frío

muestras de hielo
cilindros largos y delgados de hielo sacados por los científicos para su estudio

plataforma continental
zona de aguas poco profundas que bordea un continente

tierra virgen
un área de terreno que no ha cambiado por la acción del hombre

trineos
tractores para la nieve usados para llevar cosas

Índice

elefante marino del sur